Impressum
Verlag: BABADADA GmbH, Nedderfeld 112 , 22529 Hamburg
Geschäftsführer / Verlagsleitung: Harald Hof
Druck: Books on Demand GmbH, In de Tarpen 42, 22848 Norderstedt

Imprint
Publisher: BABADADA GmbH, Nedderfeld 112 , 22529 Hamburg, Germany
Managing Director / Publishing direction: Harald Hof
Print: Books on Demand GmbH, In de Tarpen 42, 22848 Norderstedt

das Klassenzimmer
la salle de classe

dividieren
diviser

186/2

die Tafel
le tableau noir

der Schulhof
la cour (de récréation)

der Lehrer
le professeur

das Papier
le papier

schreiben
écrire

der Stift
le stylo

der Schreibtisch
le bureau

das Lineal
la règle

das Buch
le livre

die Schüler
l'élève

der Ranzen

le cartable

die Federmappe

la trousse

der Bleistift

le crayon

der Bleistiftanspitzer

le taille-crayon

das Radiergummi

la gomme

der Zeichenblock

le carnet à dessin

die Zeichnung

le dessin

der Pinsel

le pinceau

der Malkasten

la boîte de peinture

die Schere

les ciseaux

der Klebstoff

la colle

das Übungsheft

le cahier d'exercices

die Hausaufgabe

les devoirs

die Zahl

le chiffre

2+2

addieren

additionner

5-2

subtrahieren

soustraire

2×2

multiplizieren

multiplier

rechnen

calculer

der Buchstabe

la lettre

das Alphabet

l'alphabet

das Wort

le mot

der Text

le texte

lesen

lire

die Kreide

la craie

die Stunde

la leçon

das Klassenbuch

le livre de classe

die Prüfung

l'examen

das Zeugnis

le certificat

die Schuluniform

l'uniforme scolaire

die Ausbildung

la formation

das Lexikon

le lexique

die Universität

l'université

das Mikroskop

le microscope

die Karte

la carte

der Papierkorb

la corbeille à papier

die Schule - l'école

das Hotel
l'hôtel

die Herberge
l'auberge

die Wechselstube
le bureau de change

der Koffer
la valise

das Auto
la voiture

die Sprache

la langue

ja / nein

oui / non

Okay

d'accord

Hallo

Salut

der Übersetzer

l'interprète

Danke

merci

Was kostet...?

Combien coûte...?

Ich verstehe nicht

Je ne comprends pas

das Problem

le problème

Guten Abend!

Bonsoir !

Guten Morgen!

Bonjour !

Gute Nacht!

Bonne nuit !

Auf Wiedersehen

Au revoir

die Richtung

la direction

das Gepäck

les bagages

die Tasche

le sac

der Rucksack

le sac-à-dos

der Gast

l'hôte

das Zimmer

la pièce

der Schlafsack

le sac de couchage

das Zelt

la tente

die Touristeninformation

l'office de tourisme

der Strand

la plage

die Kreditkarte

la carte de crédit

das Frühstück

le petit-déjeuner

das Mittagessen

le déjeuner

das Abendessen

le dîner

die Fahrkarte

le billet

der Fahrstuhl

l'ascenseur

die Briefmarke

le timbre

die Grenze

la frontière

der Zoll

la douane

die Botschaft

l'ambassade

das Visum

le visa

der Pass

le passeport

der Transport
le transport

das Flugzeug
l'avion

das Schiff
le navire

das Feuerwehrauto
le véhicule de pompiers

der Bus
le bus

der Lastwagen
le camion

as Motorboot
e bateau à moteur

das Auto
la voiture

das Fahrrad
la bicyclette

die Fähre

le ferry

das Boot

la barque

das Motorrad

la moto

das Polizeiauto

la voiture de police

das Rennauto

la voiture de course

der Mietwagen

la voiture de location

das Carsharing

l'auto-partage

der Abschleppwagen

la voiture de remorquage

das Müllauto

la benne à ordures

der Motor

le moteur

der Kraftstoff

l'essence

die Tankstelle

la station d'essence

das Verkehrsschild

le panneau indicateur

der Verkehr

le trafic

der Stau

l'embouteillage

der Parkplatz

le parking

der Bahnhof

la gare

die Schienen

les rails

der Zug

le train

die Straßenbahn

le tramway

der Wagon

le wagon

der Helikopter

l'hélicoptère

der Flughafen

l'aéroport

der Tower

la tour

der Passagier

le passager

der Container

le conteneur

der Karton

le carton

der Karren

le chariot

der Korb

la corbeille

starten / landen

décoller / atterrir

die Stadt
la ville

das Dorf

le village

das Stadtzentrum

le centre-ville

das Haus

la maison

das Kino
le cinéma

die Werbung
la publicité

die Straßenlaterne
le réverbère

die Straße
la rue

das Taxi
le taxi

der Kiosk
le kiosque

der Fußgänger
le piéton

der Bürgersteig
le trottoir

der Zebrastreifen
le passage piéton

die Mülltonne
la poubelle

die Kreuzung
le carrefour

die Ampel
les feux de circulation

die Hütte
la cabane

die Wohnung
l'appartement

der Bahnhof
la gare

das Rathaus
la mairie

das Museum
le musée

die Schule
l'école

die Stadt - la ville

die Universität

l'université

die Bank

la banque

das Krankenhaus

l'hôpital

das Hotel

l'hôtel

die Apotheke

la pharmacie

das Büro

le bureau

die Buchhandlung

la librairie

das Geschäft

le magasin

der Blumenladen

le fleuriste

der Supermarkt

le supermarché

der Markt

le marché

das Kaufhaus

le grand magasin

der Fischhändler

la poissonnerie

das Einkaufszentrum

le centre commercial

der Hafen

le port

der Park

le parc

die Bank

la banque

die Brücke

le pont

die Treppe

les escaliers

die U-Bahn

le métro

der Tunnel

le tunnel

die Bushaltestelle

l'arrêt de bus

die Bar

le bar

das Restaurant

le restaurant

der Briefkasten

la boîte à lettres

das Straßenschild

le panneau indicateur

die Parkuhr

le parcmètre

der Zoo

le zoo

die Badeanstalt

le réverbère

die Moschee

la mosquée

die Stadt - la ville

der Bauernhof
la ferme

die Umweltverschmutzung
la pollution

der Friedhof
la cimetière

die Kirche
l'église

der Spielplatz
l'aire de jeux

der Tempel
le temple

die Landschaft
le paysage

das Blatt
la feuille

der Wegweiser
le panneau indicateur

der Weg
le chemin

die Wiese
le pré

der Stein
la pierre

der Baum
l'arbre

der Wanderer
le randonneur

der Fluss
la rivière

das Gras
l'herbe

die Blume
la fleur

das Tal

la vallée

der Berg

la montagne

der See

le lac

der Wald

la forêt

die Wüste

le désert

der Vulkan

le volcan

das Schloss

le château

der Regenbogen

l'arc-en-ciel

der Pilz

le champignon

die Palme

le palmier

der Moskito

le moustique

die Fliege

la mouche

die Ameise

les fourmis

die Biene

l'abeille

die Spinne

l'araignée

der Käfer

le coléoptère

der Frosch

la grenouille

das Eichhörnchen

l'écureuil

der Igel

le hérisson

der Hase

le lièvre

die Eule

la chouette

die Vogel

l'oiseau

der Schwan

le cygne

das Wildschwein

le sanglier

der Hirsch

le cerf

der Elch

l'élan

der Staudamm

le barrage

das Windrad

l'éolienne

das Solarmodul

le panneau solaire

das Klima

le climat

der Kellner
le serveur

die Speisekarte
le menu

der Stuhl
la chaise

die Suppe
la soupe

die Pizza
la pizza

das Besteck
les couverts

die Tischdecke
la nappe

die Vorspeise

les hors d'œuvre

das Hauptgericht

le plat principal

die Nachspeise

le dessert

die Getränke

les boissons

das Essen

l'alimentation

die Flasche

la bouteille

das Fastfood

le fast-food

das Streetfood

les plats à emporter

die Teekanne

la théière

die Zuckerdose

le sucrier

die Portion

la portion

die Espressomaschine

la machine à expresso

der Hochstuhl

la chaise haute

die Rechnung

la facture

das Tablett

le plateau

das Messer

le couteau

die Gabel

la fourchette

der Löffel

la cuillère

der Teelöffel

la cuillère à thé

die Serviette

la serviette

das Glas

le verre

der Teller

l'assiette

der Suppenteller

l'assiette à soupe

die Untertasse

la soucoupe

die Sauce

la sauce

der Salzstreuer

la salière

die Pfeffermühle

le moulin à poivre

der Essig

le vinaigre

das Öl

l'huile

die Gewürze

les épices

das Ketchup

le ketchup

der Senf

la moutarde

die Mayonnaise

la mayonnaise

das Angebot
l'offre promotionnelle

der Kunde
le client

die Milchprodukte
les produits laitiers

das Obst
les fruits

der Einkaufswagen
le chariot

FOR

die Schlachterei

la boucherie

die Bäckerei

la boulangerie

wiegen

peser

das Gemüse

les légumes

das Fleisch

la viande

die Tiefkühlkost

les aliments surgelés

der Aufschnitt
la charcuterie

die Konserven
les conserves

das Waschmittel
la poudre à lessive

die Süßigkeiten
les bonbons

die Haushaltsartikel
les articles ménagers

das Reinigungsmittel
les détergents

die Verkäuferin
la vendeuse

die Kasse
la caisse

der Kassierer
le caissier

die Einkaufsliste
la liste d'achats

die Öffnungszeiten
les heures d'ouverture

die Brieftasche
le portefeuille

die Kreditkarte
la carte de crédit

die Tasche
le sac

die Plastiktüte
le sac en plastique

das Wasser

l'eau

der Saft

le jus de fruit

die Milch

le lait

die Cola

le coca

der Wein

le vin

das Bier

la bière

der Alkohol

l'alcool

der Kakao

le chocolat chaud

der Tee

le thé

der Kaffee

le café

der Espresso

l'expresso

der Cappuccino

le cappuccino

die Banane

la banane

der Apfel

la pomme

die Orange

l'orange

die Melone

le melon

die Zitrone

le citron.

die Karotte

la carotte

der Knoblauch

l'ail

der Bambus

le bambou

die Zwiebel

l'oignon

der Pilz

le champignon

die Nüsse

les noisettes

die Nudeln

les pâtes

die Spaghetti

les spaghetti

der Reis

le riz

der Salat

la salade

die Pommes frites

les pommes frites

die Bratkartoffeln

les pommes de terre rôties

die Pizza

la pizza

der Hamburger

le hamburger

das Sandwich

le sandwich

das Schnitzel

l'escalope

der Schinken

le jambon

die Salami

le salami

die Wurst

la saucisse

das Huhn

le poulet

der Braten

le rôti

der Fisch

le poisson

die Haferflocken

les flocons d'avoine

das Müsli

le muesli

die Cornflakes

les cornflakes

das Mehl

la farine

das Croissant

le croissant

das Brötchen

les petits-pains

das Brot

le pain

der Toast

le pain grillé

die Kekse

les biscuits

die Butter

le beurre

der Quark

le fromage blanc

der Kuchen

le gâteau

das Ei

l'œuf

das Spiegelei

l'œuf au plat

der Käse

le fromage

die Eiscreme

la glace

der Zucker

le sucre

der Honig

le miel

die Marmelade

la confiture

die Nougat-Creme

la crème nougat

das Curry

le curry

das Bauernhaus
la ferme

die Scheune
la grange

der Strohballen
la botte de paille

das Feld
le champ

das Pferd
le cheval

der Anhänger
la remorque

das Fohlen
le poulain

der Traktor
le tracteur

der Esel
l'âne

das Lamm
l'agneau

das Schaf
le mouton

die Ziege

la chèvre

die Kuh

la vache

das Kalb

le veau

das Schwein

le porc

das Ferkel

le porcelet

der Bulle

le taureau

die Gans

l'oie

die Ente

le canard

das Küken

le poussin

das Huhn

la poule

der Hahn

le coq

die Ratte

le rat

die Katze

le chat

die Maus

la souris

der Ochse

le bœuf

der Hund

le chien

die Hundehütte

le chenil

der Gartenschlauch

le tuyau de jardin

die Gießkanne

l'arrosoir

die Sense

la faucheuse

der Pflug

la charrue

der Bauernhof - la ferme

die Sichel

la faucille

die Hacke

la pioche

die Mistgabel

la fourche

die Axt

la hache

die Schubkarre

la brouette

der Trog

la cuve

die Milchkanne

le pot à lait

der Sack

le sac

der Zaun

la clôture

der Stall

l'étable

das Treibhaus

le serre

der Boden

le sol

die Saat

les semences

der Dünger

l'engrais

der Mähdrescher

la moissonneuse-batteuse

ernten

récolter

die Ernte

la récolte

die Yamswurzel

l'igname

der Weizen

le blé

das Soja

le soja

die Kartoffel

la pomme de terre

der Mais

le maïs

der Raps

le colza

der Obstbaum

l'arbre fruitier

der Maniok

le manioc

das Getreide

les céréales

der Schornstein
la cheminée

das Dach
le toit

die Regenrinne
la gouttière

das Fenster
la fenêtre

die Garage
le garage

die Klingel
la sonnette

die Tür
la porte

der Mülleimer
la poubelle

der Briefkasten
la boîte aux lettres

der Garten
le jardin

das Wohnzimmer
le salon

das Badezimmer
la salle de bain

die Küche
la cuisine

das Schlafzimmer
la chambre à coucher

das Kinderzimmer
la chambre d'enfant

das Esszimmer
la salle à manger

der Boden

le sol

die Wand

le mur

die Decke

le plafond

der Keller

la cave

die Sauna

le sauna

der Balkon

le balcon

die Terrasse

la terrasse

das Schwimmbad

la piscine

der Rasenmäher

la tondeuse à gazon

der Bettbezug

la housse

die Bettdecke

la couette

das Bett

le lit

der Besen

le balai

der Eimer

le sceau

der Schalter

l'interrupteur

die Tapete
le papier peint

das Bild
l'image

die Lampe
la lampe

das Regal
l'étagère

der Schrank
l'armoire

der Fernseher
la télé

der Kamin
la cheminée

die Blume
la fleur

das Kissen
le coussin

das Sofa
le sofa

die Vase
le vase

die Fernbedienung
la télécommande

der Teppich

le tapis

der Vorhang

le rideau

der Tisch

la table

der Stuhl

la chaise

der Schaukelstuhl

la chaise à bascule

der Sessel

le fauteuil

das Buch

le livre

die Decke

la couverture

die Dekoration

la décoration

das Feuerholz

le bois de chauffage

der Film

le film

die Stereoanlage

la chaîne hi-fi

der Schlüssel

la clé

die Zeitung

le journal

das Gemälde

la peinture

das Poster

le poster

das Radio

la radio

der Notizblock

le bloc-notes

der Staubsauger

l'aspirateur

der Kaktus

le cactus

die Kerze

la bougie

der Kühlschrank
le réfrigérateur

die Mikrowelle
le four à micro-ondes

die Küchenwaage
la balance de cuisine

der Toaster
le grille-pain

das Reinigungsmittel
le détergent

der Backofen
le four

das Gefrierfach
le compartiment congélateur

der Mülleimer
la poubelle

der Geschirrspüler
le lave-vaisselle

der Herd
le four

der Topf
la casserole

der Eisentopf
la marmite

der Wok / Kadai
le wok / kadai

die Pfanne
la poêle

der Wasserkocher
la bouilloire electrique

der Dampfgarer

le cuiseur vapeur

das Backblech

la plaque de cuisson

das Geschirr

la vaisselle

der Becher

le gobelet

die Schale

la coupe

die Essstäbchen

les baguettes

die Suppenkelle

la louche

der Pfannenwender

la spatule

der Schneebesen

le fouet

das Kochsieb

la passoire

das Sieb

le tamis

die Reibe

la râpe

der Mörser

le mortier

der Grill

le barbecue

die Feuerstelle

la cheminée

das Schneidebrett

la planche à découper

das Nudelholz

le rouleau à pâtisserie

der Korkenzieher

le tire-bouchon

die Dose

la boîte

der Dosenöffner

l'ouvre-boîte

der Topflappen

les maniques

das Waschbecken

le lavabo

die Bürste

la brosse

der Schwamm

l'éponge

der Mixer

le mixeur

die Gefriertruhe

le congélateur

die Babyflasche

le biberon

der Wasserhahn

le robinet

die Küche - la cuisine

die Dusche
la douche

die Heizung
le chauffage

das Handtuch
la serviette

der Duschvorhang
le rideau de douche

das Schaumbad
le bain moussant

die Badewanne
la baignoire

das Glas
le verre

die Waschmaschine
la machine à laver

die Fliesen
le carrelage

der Wasserhahn
le robinet

das Töpfchen
le pot

das Waschbecken
le lavabo

die Toilette
les toilettes

die Hocktoilette
la toilette à la turque

das Bidet
le bidet

das Pissoir
l'urinoir

das Toilettenpapier
le papier toilette

die Toilettenbürste
la brosse à toilette

die Zahnbürste

la brosse à dents

die Zahnpasta

le dentifrice

die Zahnseide

le fil dentaire

waschen

laver

die Handbrause

la douche manuelle

die Intimdusche

la douche intime

die Waschschüssel

la vasque

die Rückenbürste

la brosse dorsale

die Seife

le savon

das Duschgel

le gel douche

das Shampoo

le shampooing

der Waschlappen

le gant de toilette

der Abfluss

l'écoulement

die Creme

la crème

das Deodorant

le déodorant

der Spiegel

le miroir

der Kosmetikspiegel

le miroir cosmétique

der Rasierer

le rasoir

der Rasierschaum

la mousse à raser

das Rasierwasser

l'après-rasage

der Kamm

la peigne

die Bürste

la brosse

der Föhn

le sèche-cheveux

das Haarspray

la laque pour cheveux

das Makeup

le fond de teint

der Lippenstift

le rouge à lèvres

der Nagellack

le vernis à ongles

die Watte

l'ouate

die Nagelschere

le coupe-ongles

das Parfum

le parfum

der Kulturbeutel

la trousse de toilette

der Hocker

le tabouret

die Waage

le pèse-personne

der Bademantel

le peignoir

die Gummihandschuhe

les gants de nettoyage

das Tampon

le tampon

die Damenbinde

es serviettes hygiéniques

die Chemietoilette

la toilette chimique

das Kinderzimmer
la chambre d'enfant

der Wecker
le réveil

das Kuscheltier
le doudou

das Spielzeugauto
la voiture jouet

die Rassel
le hochet

das Puppenhaus
la maison de poupée

das Geschenk
le cadeau

der Ballon

le ballon

das Bett

le lit

der Kinderwagen

la poussette

das Kartenspiel

le jeu de cartes

das Puzzle

le puzzle

der Comic

la bande dessinée

die Legosteine

les pièces lego

die Bausteine

les blocs de construction

die Action Figur

la figurine

der Strampelanzug

la grenouillère

das Frisbee

le frisbee

das Mobile

le mobile

das Brettspiel

le jeu de société

der Würfel

le dé

die Modelleisenbahn

le train miniature

der Schnuller

la sucette

die Party

la fête

das Bilderbuch

le livre d'images

der Ball

la balle

die Puppe

la poupée

spielen

jouer

der Sandkasten

le bac à sable

die Schaukel

la balançoire

das Spielzeug

les jouets

die Spielkonsole

la console de jeu

das Dreirad

le tricycle

der Teddy

l'ours en peluche

der Kleiderschrank

l'armoire

die Kleidung
les vêtements

die Socken

les chaussettes

die Strümpfe

les bas

die Strumpfhose

le collant

der Schal
l'écharpe

der Regenschirm
le parapluie

das T-Shirt
le t-shirt

der Gürtel
la ceinture

die Hausschuhe
les pantoufles

der Stiefel
les bottes

die Turnschuhe
les baskets

die Sandalen
les sandales

die Schuhe
les chaussures

die Gummistiefel
les bottes de caoutchouc

die Unterhose
les sous-vêtements

der Büstenhalter
le soutien-gorge

das Unterhemd
le maillot de corps

die Kleidung - les vêtements   45

der Body
le body

die Hose
le pantalon

die Jeans
le jean

der Rock
la jupe

die Bluse
le chemisier

das Hemd
la chemise

der Pullover
le pull

der Kapuzenpullover
le sweat à capuche

der Blazer
la veste

die Jacke
la veste

der Mantel
le manteau

der Regenmantel
l'imperméable

das Kostüm
le costume

das Kleid
la robe

das Hochzeitskleid
la robe de mariée

der Anzug

le costume

das Nachthemd

la chemise de nuit

der Schlafanzug

le pyjama

der Sari

le sari

das Kopftuch

le foulard

der Turban

le turban

die Burka

la burqa

der Kaftan

le caftan

die Abaya

l'abaya

der Badeanzug

le maillot de bain

die Badehose

le maillot de bain

die kurze Hose

le short

der Trainingsanzug

la tenue d'entraînement

die Schürze

le tablier

die Handschuhe

les gants

der Knopf

le bouton

die Brille

les lunettes

das Armband

le bracelet

die Halskette

le collier

der Ring

la bague

der Ohrring

la boucle d'oreille

die Mütze

le bonnet

der Kleiderbügel

le cintre

der Hut

le chapeau

die Krawatte

la cravate

der Reißverschluss

la fermeture éclair

der Helm

le casque

der Hosenträger

les bretelles

die Schuluniform

l'uniforme scolaire

die Uniform

l'uniforme

die Kleidung - les vêtements

das Lätzchen

le bavoir

der Schnuller

la sucette

die Windel

la lange

der Server
le serveur

der Aktenschrank
l'armoire d'archivage

der Drucker
l'imprimante

der Monitor
l'écran

as Papier
papier

der Schreibtisch
le bureau

die Maus
la souris

der Ordner
le classeur

die Tastatur
le clavier

der Papierkorb
la corbeille à papier

der Computer
l'ordinateur

der Stuhl
la chaise

der Kaffeebecher

la tasse de café

der Taschenrechner

la calculatrice

das Internet

l'internet

der Laptop

l'ordinateur portable

der Brief

la lettre

die Nachricht

le message

das Handy

le portable

das Netzwerk

le réseau

der Kopierer

la photocopieuse

die Software

le logiciel

das Telefon

le téléphone

die Steckdose

la prise

das Fax

le fax

das Formular

le formulaire

das Dokument

le document

kaufen

acheter

bezahlen

payer

handeln

faire du commerce

das Geld

la monnaie

der Dollar

le dollar

der Euro

l'euro

der Yen

le yen

der Rubel

le rouble

der Franken

le franc suisse

der Renminbi Yuan

le renminbi yuan

die Rupie

la roupie

der Geldautomat

le distributeur automatique

die Wechselstube
le bureau de change

das Gold
l'or

das Silber
l'argent

das Öl
le pétrole

die Energie
l'énergie

der Preis
le prix

der Vertrag
le contrat

die Steuer
la taxe

die Aktie
l'action

arbeiten
travailler

der Angestellte
l'employé

der Arbeitgeber
l'employeur

die Fabrik
l'usine

das Geschäft
le magasin

der Polizist
l'agent de police

der Feuerwehrmann
le pompier

der Koch
le cuisinier

der Arzt
le médecin

der Pilot
le pilote

der Gärtner

le jardinier

der Tischler

le menuisier

die Näherin

la couturière

der Richter

le juge

der Chemiker

le chimiste

der Schauspieler

l'acteur

der Busfahrer

le conducteur de bus

der Taxifahrer

le chauffeur de taxi

der Fischer

le pêcheur

die Putzfrau

la femme de ménage

der Dachdecker

le couvreur

der Kellner

le serveur

der Jäger

le chasseur

der Maler

le peintre

der Bäcker

le boulanger

der Elektriker

l'électricien

der Bauarbeiter

l'ouvrier

der Ingenieur

l'ingénieur

der Schlachter

le boucher

der Klempner

le plombier

der Postbote

le facteur

die Berufe - les professions

der Soldat

le soldat

der Architekt

l'architecte

der Kassierer

le caissier

der Florist

le fleuriste

der Friseur

le coiffeur

der Schaffner

le contrôleur

der Mechaniker

le mécanicien

der Kapitän

le capitaine

der Zahnarzt

le dentiste

der Wissenschaftler

le scientifique

der Rabbi

le rabbin

der Imam

l'imam

der Mönch

le moine

der Geistliche

le prêtre

der Hammer
le marteau

die Zange
les pinces

der Schraubendreher
le tournevis

der Schraubenschlüssel
la clé

die Taschenlampe
la torche

der Bagger

la pelleteuse

der Werkzeugkasten

la boîte à outils

die Leiter

l'échelle

die Säge

la scie

die Nägel

les clous

der Bohrer

la perceuse

reparieren
réparer

die Schaufel
la pelle

Mist!
Mince !

das Kehrblech
la pelle

der Farbtopf
le pot de peinture

die Schrauben
les vis

die Musikinstrumente
les instruments de musique

das Schlagzeug
la batterie

der Lautsprecher
le haut-parleurs

die Gitarre
la guitare

der Kontrabass
la contrebasse

die Trompete
la trompette

das Klavier

le piano

die Violine

le violon

der Bass

la basse

die Pauke

les timbales

die Trommeln

le tambour

das Keyboard

le piano électrique

das Saxophon

le saxophone

die Flöte

la flûte

das Mikrofon

le microphone

　　die Musikinstrumente - les instruments de musique

der Eingang
l'entrée

der Tiger
le tigre

der Käfig
la cage

das Zebra
le zèbre

das Tierfutter
l'alimentation animale

der Panda
le panda

die Tiere

les animaux

der Elefant

l'éléphant

das Känguruh

le kangourou

das Nashorn

le rhinocéros

der Gorilla

le gorille

der Bär

l'ours

das Kamel

le chameau

der Strauß

l'autruche

der Löwe

le lion

der Affe

le singe

der Flamingo

le flamand rose

der Papagei

le perroquet

der Eisbär

l'ours polaire

der Pinguin

le pingouin

der Hai

le requin

der Pfau

le paon

die Schlange

le serpent

das Krokodil

le crocodile

der Zoowärter

le gardien de zoo

die Robbe

le phoque

der Jaguar

le jaguar

das Pony
le poney

der Leopard
le léopard

das Nilpferd
l'hippopotame

die Giraffe
la girafe

der Adler
l'aigle

das Wildschwein
le sanglier

der Fisch
le poisson

die Schildkröte
la tortue

das Walross
le morse

der Fuchs
le renard

die Gazelle
la gazelle

der Zoo - le zoo

der Sport
les sports

das American Football
l'american Football

das Radfahren
le cyclisme

das Tennis
le tennis

der Basketball
le basket-ball

das Schwimmen
la natation

das Boxen
la boxe

das Eishockey
le hockey sur glace

der Fußball
le football

das Badminton
le badminton

die Leichtathletik
l'athlétisme

der Handball
le handball

das Skilaufen
le ski

das Polo
le polo

springen
sauter

lachen
rire

umarmen
embrasser

gehen
marcher

singen
chanter

träumen
rêver

beten
prier

küssen
faire la bise

schreiben
écrire

zeichnen
dessiner

zeigen
montrer

drücken
pousser

geben
donner

nehmen
prendre

haben
avoir

tun
faire

sein
être

stehen
être debout

laufen
courir

ziehen
trier

werfen
jeter

fallen
tomber

liegen
être couché

warten
attendre

tragen
porter

sitzen
être assis

anziehen
s'habiller

schlafen
dormir

aufwachen
se réveiller

ansehen

regarder

weinen

pleurer

streicheln

caresser

kämmen

peigner

reden

parler

verstehen

comprendre

fragen

demander

hören

écouter

trinken

boire

essen

manger

aufräumen

ranger

lieben

aimer

kochen

cuire

fahren

conduire

fliegen

voler

die Aktivitäten - les activités

segeln

faire de la voile

rechnen

calculer

lesen

lire

lernen

apprendre

arbeiten

travailler

heiraten

se marier

nähen

coudre

Zähne putzen

brosser les dents

töten

tuer

rauchen

fumer

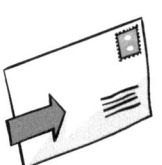

senden

envoyer

Großmutter
rand-mère

der Großvater
le grand-père

der Vater
le père

die Mutter
la mère

das Baby
le bébé

die Tochter
la fille

der Sohn
le fils

der Gast

l'hôte

die Tante

la tante

der Onkel

l'oncle

der Bruder

le frère

die Schwester

la sœur

die Stirn
le front

das Auge
l'œil

die Schulter
l'épaule

der Finger
le doigt

das Gesicht
le visage

das Kinn
le menton

die Hand
la main

die Brust
la poitrine

das Bein
la jambe

der Arm
le bras

das Baby

le bébé

der Mann

l'homme

die Frau

la femme

das Mädchen

la fille

der Junge

le garçon

der Kopf

la tête

68

der Rücken
....
le dos

der Bauch
....
le ventre

der Nabel
....
le nombril

der Zeh
....
l'orteil

die Ferse
....
le talon

der Knochen
....
l'os

die Hüfte
....
la hanche

das Knie
....
le genou

der Ellenbogen
....
le coude

die Nase
....
le nez

das Gesäß
....
les fesses

die Haut
....
la peau

die Wange
....
la joue

das Ohr
....
l'oreille

die Lippe
....
la lèvre

der Körper - le corps

der Mund

la bouche

der Zahn

la dent

die Zunge

la langue

das Gehirn

le cerveau

das Herz

le cœur

der Muskel

le muscle

die Lunge

les poumons

die Leber

le foie

der Magen

l'estomac

die Nieren

les reins

der Geschlechtsverkehr

le rapport sexuel

das Kondom

le préservatif

die Eizelle

l'ovule

das Sperma

le sperme

die Schwangerschaft

la grossesse

die Menstruation

la menstruation

die Vagina

le vagin

der Penis

le pénis

die Augenbraue

le sourcil

das Haar

les cheveux

der Hals

le cou

der Körper - le corps

das Krankenhaus
l'hôpital

der Krankenwagen
l'ambulance

der Rollstuhl
le fauteuil roulant

der Bruch
la fracture

der Arzt

le médecin

die Notaufnahme

le service des urgences

die Krankenschwester

l'infirmière

der Notfall

l'urgence

ohnmächtig

inconscient

der Schmerz

la douleur

die Verletzung

la blessure

die Blutung

l'hémorragie

der Herzinfarkt

la crise cardiaque

der Schlaganfall

l'attaque cérébrale

die Allergie

l'allergie

der Husten

la toux

das Fieber

la fièvre

die Grippe

la grippe

der Durchfall

la diarrhée

die Kopfschmerzen

le mal de tête

der Krebs

le cancer

die Diabetis

le diabète

der Chirurg

le chirurgien

das Skalpell

le scalpel

die Operation

l'opération

das CT

le CT

das Röntgen

la radiographie

das Ultraschall

l'échographie

die Maske

le masque

die Krankheit

la maladie

das Wartezimmer

la salle d'attente

die Krücke

la béquille

das Pflaster

le pansement

der Verband

le pansement

die Injektion

l'injection

das Stethoskop

le stéthoscope

die Trage

le brancard

das Thermometer

le thermomètre

die Geburt

l'accouchement

das Übergewicht

la surcharge pondérale

das Hörgerät

l'appareil auditif

das Desinfektionsmittel

le désinfectant

die Infektion

l'infection

das Virus

le virus

das HIV / AIDS

le VIH / le sida

die Medizin

le médicament

die Impfung

la vaccination

die Tabletten

les comprimés

die Pille

la pilule

der Notruf

l'appel d'urgence

das Blutdruck-Messgerät

le tensiomètre

krank / gesund

malade / sain

Hilfe!

Au secours !

der Alarm

l'alarme

der Überfall

l'assaut

der Angriff

l'attaque

die Gefahr

le danger

der Notausgang

la sortie de secours

Feuer!

Au feu!

der Feuerlöscher

l'extincteur

der Unfall

l'accident

der Erste-Hilfe-Koffer

la trousse de premier
secours

SOS

SOS

die Polizei

la police

das Europa

l'Europe

das Nordamerika

l'Amérique du Nord

das Südamerika

l'Amérique du Sud

das Afrika

l'Afrique

das Asien

l'Asie

das Australien

l'Australie

der Atlantik

l'Océan atlantique

der Pazifik

l'Océan pacifique

der Indische Ozean

l'Océan indien

der Antarktische Ozean

l'Océan antarctique

der Arktische Ozean

l'Océan arctique

der Nordpol

le Pôle nord

der Südpol

le Pôle sud

die Antarktis

l'Antarctique

die Erde

la terre

das Land

le pays

das Meer

la mer

die Insel

l'île

die Nation

la nation

der Staat

l'état

das Zifferblatt

le cadran

der Stundenzeiger

l'aiguille des heures

der Minutenzeiger

l'aiguille des minutes

der Sekundenzeiger

l'aiguille des secondes

Wie spät ist es?

Quelle heure est-il ?

der Tag

le jour

die Zeit

le temps

jetzt

maintenant

die Digitaluhr

la montre digitale

die Minute

la minute

die Stunde

l'heure

die Woche
la semaine

der Montag
lundi

der Mittwoch
mercredi

der Freitag
vendredi

der Dienstag
mardi

der Donnerstag
jeudi

der Samstag
samedi

der Sonntag
dimanche

gestern

hier

heute

aujourd'hui

morgen

demain

der Morgen

le matin

der Mittag

le midi

der Abend

le soir

die Arbeitstage

les jours ouvrables

das Wochenende

le week-end

der Regen
la pluie

der Regenbogen
l'arc-en-ciel

der Schnee
la neige

der Wind
le vent

der Frühling
le printemps

der Herbst
l'automne

der Sommer
l'été

der Winter
l'hiver

die Wettervorhersage

la météo

das Thermometer

le thermomètre

der Sonnenschein

la lumière du soleil

die Wolke

le nuage

der Nebel

le brouillard

die Luftfeuchtigkeit

l'humidité

der Blitz

la foudre

der Donner

la tonnerre

der Sturm

la tempête

der Hagel

la grêle

der Monsun

la mousson

die Flut

l'inondation

das Eis

la glace

der Januar

janvier

der Februar

février

der März

mars

der April

avril

der Mai

mai

der Juni

juin

der Juli

juillet

der August

août

der September
....
septembre

der Oktober
....
octobre

der November
....
novembre

der Dezember
....
décembre

der Kreis
....
le cercle

das Quadrat
....
le carré

das Rechteck
....
le rectangle

das Dreieck
....
le triangle

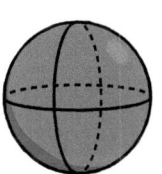

die Kugel
....
la sphère

der Würfel
....
le cube

die Farben
les couleurs

weiß

blanc

gelb

jaune

orange

orange

pink

rose

rot

rouge

lila

violet

blau

bleu

grün

vert

braun

marron

grau

gris

schwarz

noir

die Farben - les couleurs

viel / wenig

beaucoup / peu

wütend / friedlich

fâché / calme

hübsch / hässlich

joli / laid

der Anfang / das Ende

le début / la fin

groß / klein

grand / petit

hell / dunkel

clair / obscure

er Bruder / die Schwester

frère / soeur

sauber / schmutzig

propre / sale

vollständig / unvollständig

complet / incomplet

der Tag / die Nacht

le jour / la nuit

tot / lebendig

mort / vivant

breit / schmal

large / étroit

genießbar / ungenießbar

comestible / incomestible

böse / freundlich

méchant / gentil

aufgeregt / gelangweilt

excité / ennuyé

dick / dünn

gros / mince

zuerst / zuletzt

le premier / le dernier

der Freund / der Feind

l'ami / l'ennemi

voll / leer

plein / vide

hart / weich

dur / souple

schwer / leicht

lourd / léger

der Hunger / der Durst

faim / soif

krank / gesund

malade / sain

illegal / legal

illégal / légal

intelligent / dumm

intelligent / stupide

links / rechts

gauche / droite

nah / fern

proche / loin

neu / gebraucht
nouveau / usé

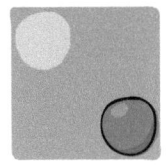

nichts / etwas
rien / quelque chose

alt / jung
vieux / jeune

an / aus
marche / arrêt

offen / geschlossen
ouvert / fermé

leise / laut
faible / fort

reich / arm
riche / pauvre

richtig / falsch
correct / incorrect

rau / glatt
rugueux / lisse

traurig / glücklich
triste / heureux

kurz / lang
court / long

langsam / schnell
lent / rapide

nass / trocken
mouillé / sec

warm / kühl
chaud / froid

der Krieg / der Frieden
la guerre / la paix

die Gegenteile - les oppositions

0

null

zéro

1

eins

un / une

2

zwei

deux

3

drei

trois

4

vier

quatre

5

fünf

cinq

6

sechs

six

7

sieben

sept

8

acht

huit

9

neun

neuf

10

zehn

dix

11

elf

onze

12

zwölf

douze

13

dreizehn

treize

14

vierzehn

quatorze

15

fünfzehn

quinze

16

sechzehn

seize

17

siebzehn

dix-sept

18

achtzehn

dix-huit

19

neunzehn

dix-neuf

20

zwanzig

vingt

100

hundert

cent

1.000

tausend

mille

1.000.000

million

le million

die Sprachen
les langues

Englisch

l'anglais

Amerikanisches Englisch

l'anglais américain

Chinesisch Mandarin

le chinois mandarin

Hindi

le hindi

Spanisch

l'espagnol

Französisch

le français

Arabisch

l'arabe

Russisch

le russe

Portugiesisch

le portugais

Bengalisch

le bengali

Deutsch

l'allemand

Japanisch

le japonais

ich
je

du
tu

er / sie / es
il / elle / ce, c', cela

wir
nous

ihr
vous

sie
ils / elles

wer?
Qui ?

was?
Quoi ?

wie?
Comment ?

wo?
Où ?

wann?
Quand ?

Name
le nom

hinter

derrière

in

dans

vor

devant

über

au-dessus

auf

sur

unter

en-dessous

neben

à côté de

zwischen

entre

der Ort

le lieu